# TRANZLATY
## Sprache ist für alle da
## ภาษาเป็นสิ่งที่ทุกคนต้องการ

# Die Schöne und das Biest

# ความงามและสัตว์ร้าย

# Gabrielle-Suzanne Barbot de Villeneuve

Deutsch / ไทย

Copyright © 2025 Tranzlaty
All rights reserved
Published by Tranzlaty
ISBN: 978-1-80572-031-7
Original text by Gabrielle-Suzanne Barbot de Villeneuve
La Belle et la Bête
First published in French in 1740
Taken from The Blue Fairy Book (Andrew Lang)
Illustration by Walter Crane
**www.tranzlaty.com**

**Es war einmal ein reicher Kaufmann**
ครั้งหนึ่งมีพ่อค้าที่ร่ำรวยคนหนึ่ง
**dieser reiche Kaufmann hatte sechs Kinder**
พ่อค้าผู้มั่งมีคนนี้มีลูกหกคน
**Er hatte drei Söhne und drei Töchter**
เขามีลูกชายสามคนและลูกสาวสามคน
**Er hat keine Kosten für ihre Ausbildung gescheut**
เขาไม่ประหยัดค่าใช้จ่ายสำหรับการศึกษาของพวกเขา
**weil er ein vernünftiger Mann war**
เพราะเขาเป็นคนที่มีสามัญสำนึก
**aber er gab seinen Kindern viele Diener**
แต่พระองค์ก็ทรงให้บุตรของพระองค์มีคนรับใช้มากมาย
**seine Töchter waren überaus hübsch**
ลูกสาวของเขาสวยมาก
**und seine jüngste Tochter war besonders hübsch**
และลูกสาวคนเล็กของเขาก็น่ารักเป็นพิเศษ
**Schon als Kind wurde ihre Schönheit bewundert**
ตั้งแต่เด็กความงามของเธอเป็นที่ชื่นชมแล้ว
**und die Leute nannten sie nach ihrer Schönheit**
และผู้คนต่างเรียกเธอด้วยความงามของเธอ
**Ihre Schönheit verblasste nicht, als sie älter wurde**
ความงามของเธอไม่ได้จางหายไปเมื่อเธออายุมากขึ้น
**Deshalb nannten die Leute sie weiterhin wegen ihrer Schönheit**
ผู้คนจึงเรียกเธอด้วยความงามของเธอ
**das machte ihre Schwestern sehr eifersüchtig**
ทำให้พี่สาวของเธออิจฉามาก
**Die beiden ältesten Töchter waren sehr stolz**

ลูกสาวคนโตทั้งสองคนมีความภาคภูมิใจอย่างมาก
**Ihr Reichtum war die Quelle ihres Stolzes**
ความมั่งคั่งของพวกเขาคือที่มาของความภูมิใจของพวกเขา
**und sie verbargen ihren Stolz nicht**
และพวกเขาก็ไม่ได้ซ่อนความภูมิใจของพวกเขาด้วย
**Sie besuchten nicht die Töchter anderer Kaufleute**
พวกเขาไม่ได้ไปเยี่ยมลูกสาวพ่อค้าคนอื่นเลย
**weil sie nur mit Aristokraten zusammentreffen**
เพราะเขาเจอแต่พวกขุนนางเท่านั้น
**Sie gingen jeden Tag zu Partys**
พวกเขาออกไปงานปาร์ตี้ทุกวัน
**Bälle, Theaterstücke, Konzerte usw.**
บอล ละคร คอนเสิร์ต ฯลฯ
**und sie lachten über ihre jüngste Schwester**
แล้วพวกเขาก็หัวเราะเยาะน้องสาวคนเล็กของพวกเขา
**weil sie die meiste Zeit mit Lesen verbrachte**
เพราะเธอใช้เวลาส่วนใหญ่ไปกับการอ่านหนังสือ
**Es war allgemein bekannt, dass sie reich waren**
เป็นที่รู้กันดีว่าพวกเขาเป็นคนร่ำรวย
**so hielten mehrere bedeutende Kaufleute um ihre Hand an**
พ่อค้าชื่อดังหลายรายจึงมาขอเงินจากพวกเขา
**aber sie sagten, sie würden nicht heiraten**
แต่พวกเขาก็บอกว่าพวกเขาจะไม่แต่งงาน
**aber sie waren bereit, einige Ausnahmen zu machen**
แต่พวกเขาก็เตรียมที่จะให้มีข้อยกเว้นบางประการ
„**Vielleicht könnte ich einen Herzog heiraten**"
"บางทีฉันอาจจะแต่งงานกับดุยคได้"
„**Ich schätze, ich könnte einen Grafen heiraten**"

"ฉันคิดว่าฉันคงแต่งงานกับเอิร์ลได้"

**Schönheit dankte sehr höflich denen, die ihr einen Antrag gemacht hatten**
นางงามก็ขอบคุณผู้ที่ขอเธอแต่งงานอย่างสุภาพมาก

**Sie sagte ihnen, sie sei noch zu jung zum Heiraten**
เธอบอกพวกเขาว่าเธอยังเด็กเกินไปที่จะแต่งงาน

**Sie wollte noch ein paar Jahre bei ihrem Vater bleiben**
เธออยากอยู่กับพ่ออีกสักสองสามปี

**Auf einmal verlor der Kaufmann sein Vermögen**
ทันใดนั้นพ่อค้าก็สูญเสียทรัพย์สมบัติของเขาไป

**er verlor alles außer einem kleinen Landhaus**
เขาสูญเสียทุกสิ่งทุกอย่างยกเว้นบ้านในชนบทหลังเล็ก

**und er sagte seinen Kindern mit Tränen in den Augen:**
และเขาเล่าให้ลูกๆ ฟังทั้งน้ำตาว่า:

**„Wir müssen aufs Land gehen"**
"เราต้องไปชนบท"

**„und wir müssen für unseren Lebensunterhalt arbeiten"**
"และเราจะต้องทำงานเพื่อเลี้ยงชีพ"

**die beiden ältesten Töchter wollten die Stadt nicht verlassen**
ลูกสาวคนโตทั้งสองคนไม่อยากออกจากเมือง

**Sie hatten mehrere Liebhaber in der Stadt**
พวกเขามีคู่รักหลายคนในเมือง

**und sie waren sicher, dass einer ihrer Liebhaber sie heiraten würde**
และพวกเขาก็มั่นใจว่าคนรักของพวกเขาคนหนึ่งจะต้องแต่งงานกับพวกเขา

**Sie dachten, ihre Liebhaber würden sie heiraten, auch wenn sie kein Vermögen hätten**

พวกเขาคิดว่าคนรักของพวกเขาจะแต่งงานกับพวกเขาแม้ว่าจะไม่มีโชคลาภก็ตาม

**aber die guten Damen haben sich geirrt**
แต่สตรีที่ดีกลับเข้าใจผิด

**Ihre Liebhaber verließen sie sehr schnell**
คนรักของพวกเขาละทิ้งพวกเขาไปอย่างรวดเร็วมาก

**weil sie kein Vermögen mehr hatten**
เพราะพวกเขาไม่มีทรัพย์สมบัติอีกต่อไป

**das zeigte, dass sie nicht wirklich beliebt waren**
นี่แสดงให้เห็นว่าพวกเขาไม่ได้เป็นที่ชื่นชอบจริงๆ

**alle sagten, sie verdienen kein Mitleid**
ทุกคนบอกว่าไม่สมควรได้รับความสงสาร

**„Wir sind froh, dass ihr Stolz gedemütigt wurde"**
"เรารู้สึกยินดีที่เห็นความภาคภูมิใจของพวกเขาได้รับการบรรเทาง"

**„Lasst sie stolz darauf sein, Kühe zu melken"**
"ให้พวกเขาภูมิใจในการรีดนมวัว"

**aber sie waren um Schönheit besorgt**
แต่พวกเขาสนใจเรื่องความสวยงาม

**sie war so ein süßes Geschöpf**
เธอเป็นสิ่งมีชีวิตที่น่ารักมาก

**Sie sprach so freundlich zu armen Leuten**
เธอพูดจาดีกับคนจนมาก

**und sie war von solch unschuldiger Natur**
และนางมีนิสัยบริสุทธิ์มาก

**Mehrere Herren hätten sie geheiratet**
สุภาพบุรุษหลายท่านคงจะแต่งงานกับเธอ

**Sie hätten sie geheiratet, obwohl sie arm war**
พวกเขาคงจะแต่งงานกับเธอแม้ว่าเธอจะยากจนก็ตาม
**aber sie sagte ihnen, sie könne sie nicht heiraten**
แต่เธอบอกพวกเขาว่าเธอไม่สามารถแต่งงานกับพวกเขาได้
**weil sie ihren Vater nicht verlassen wollte**
เพราะเธอไม่ยอมทิ้งพ่อของเธอ
**sie war entschlossen, mit ihm aufs Land zu fahren**
เธอตั้งใจจะไปกับเขาที่ชนบท
**damit sie ihn trösten und ihm helfen konnte**
เพื่อที่เธอจะได้ปลอบใจและช่วยเหลือเขาได้
**Die arme Schönheit war zunächst sehr betrübt**
นางงามผู้น่าสงสารเสียใจมากในตอนแรก
**sie war betrübt über den Verlust ihres Vermögens**
เธอเสียใจกับการสูญเสียทรัพย์สมบัติของเธอ
**„Aber Weinen wird mein Schicksal nicht ändern"**
"แต่การร้องไห้ก็ไม่ได้เปลี่ยนแปลงโชคชะตาของฉันได้"
**„Ich muss versuchen, ohne Reichtum glücklich zu sein"**
"ฉันต้องพยายามทำให้ตัวเองมีความสุขโดยไม่ต้องมีเงินทอง"
**Sie kamen zu ihrem Landhaus**
พวกเขามาถึงบ้านในชนบทของพวกเขาแล้ว
**und der Kaufmann und seine drei Söhne widmeten sich der Landwirtschaft**
และพ่อค้ากับบุตรทั้งสามก็พากันประกอบอาชีพเกษตรกรรม
**Schönheit stand um vier Uhr morgens auf**
สาวสวยตื่นมาตอนตีสี่
**und sie beeilte sich, das Haus zu putzen**
แล้วเธอก็รีบทำความสะอาดบ้าน
**und sie sorgte dafür, dass das Abendessen fertig war**

และเธอก็ทำให้แน่ใจว่าอาหารเย็นพร้อมแล้ว
ihr neues Leben fiel ihr zunächst sehr schwer
ในตอนแรกเธอพบว่าชีวิตใหม่ของเธอนั้นยากมาก
weil sie diese Arbeit nicht gewohnt war
เพราะเธอไม่เคยชินกับงานเช่นนี้
aber in weniger als zwei Monaten wurde sie stärker
แต่ในเวลาไม่ถึงสองเดือนเธอก็แข็งแกร่งขึ้น
und sie war gesünder als je zuvor
และเธอก็มีสุขภาพแข็งแรงมากกว่าเดิม
nachdem sie ihre arbeit erledigt hatte, las sie
หลังจากที่เธอทำการบ้านเสร็จแล้วเธอก็อ่านหนังสือ
sie spielte Cembalo
เธอเล่นฮาร์ปซิคอร์ด
oder sie sang, während sie Seide spann
หรือเธอร้องเพลงขณะที่เธอปั่นไหม
im Gegenteil, ihre beiden Schwestern wussten nicht, wie sie ihre Zeit verbringen sollten
ตรงกันข้าม
น้องสาวทั้งสองของเธอไม่รู้จักใช้เวลาว่างให้เกิดประโยชน์
Sie standen um zehn auf und taten den ganzen Tag nichts anderes als herumzufaulenzen
พวกเขาตื่นตอนสิบโมงและไม่ทำอะไรเลยนอกจากนอนเล่นทั้งวัน
Sie beklagten den Verlust ihrer schönen Kleider
พวกเขาคร่ำครวญถึงการสูญเสียเสื้อผ้าอันสวยงามของตน
und sie beklagten sich über den Verlust ihrer Bekannten
และพวกเขาบ่นเรื่องการสูญเสียคนรู้จักของพวกเขา
„Schau dir unsere jüngste Schwester an", sagten sie zueinander

"มาดูน้องสาวคนเล็กของเราสิ" พวกเขาพูดต่อกัน
„Was für ein armes und dummes Geschöpf sie ist"
"เธอเป็นสิ่งมีชีวิตที่น่าสงสารและโง่เขลาจริงๆ"
„Es ist gemein, mit so wenig zufrieden zu sein"
"มันหมายถึงการพอใจกับสิ่งเล็กๆ น้อยๆ"
der freundliche Kaufmann war ganz anderer Meinung
พ่อค้าผู้ใจดีมีความคิดเห็นแตกต่างไปจากเดิมมาก
er wusste sehr wohl, dass Schönheit ihre Schwestern übertraf
เขาตระหนักดีว่าความงามนั้นเหนือกว่าพี่สาวของเธอ
Sie übertraf sie sowohl charakterlich als auch geistig
เธอโดดเด่นกว่าพวกเขาทั้งในด้านบุคลิกและจิตใจ
er bewunderte ihre Bescheidenheit und ihre harte Arbeit
เขาชื่นชมความอ่อนน้อมถ่อมตนและการทำงานหนักของเธอ
aber am meisten bewunderte er ihre Geduld
แต่สิ่งที่เขาชื่นชมที่สุดคือความอดทนของเธอ
Ihre Schwestern überließen ihr die ganze Arbeit
พี่สาวของเธอทิ้งงานทั้งหมดให้เธอทำ
und sie beleidigten sie ständig
และพวกเขาก็ดูหมิ่นเธอทุกขณะ
Die Familie hatte etwa ein Jahr lang so gelebt
ครอบครัวนี้อยู่กันอย่างนี้มาประมาณปีหนึ่งแล้ว
dann bekam der Kaufmann einen Brief von einem Buchhalter
แล้วพ่อค้าก็ได้รับจดหมายจากนักบัญชี
er hatte in ein Schiff investiert
เขาได้ลงทุนในเรือ
und das Schiff war sicher angekommen

และเรือก็มาถึงอย่างปลอดภัย

**diese Nachricht ließ die beiden ältesten Töchter staunen**

นี้ ทำให้ลูกสาวคนโตทั้งสองเปลี่ยนใจ

**Sie hatten sofort die Hoffnung, in die Stadt zurückzukehren**

พวกเขาเริ่มมีความหวังที่จะกลับเข้าเมืองทันที

**weil sie des Landlebens überdrüssig waren**

เพราะพวกเขาเบื่อหน่ายกับชีวิตชนบทมาก

**Sie gingen zu ihrem Vater, als er ging**

พวกเขาไปหาพ่อของพวกเขาขณะที่เขากำลังจะออกไป

**Sie baten ihn, ihnen neue Kleider zu kaufen**

พวกเขาขอร้องให้เขาซื้อเสื้อผ้าใหม่ให้

**Kleider, Bänder und allerlei Kleinigkeiten**

ชุดเดรส ริบบิ้น และสิ่งของเล็กๆ น้อยๆ มากมาย

**aber die Schönheit verlangte nichts**

แต่ความงามไม่ได้เรียกร้องสิ่งใด

**weil sie dachte, das Geld würde nicht reichen**

เพราะเธอคิดว่าเงินคงไม่พอ

**es würde nicht reichen, um alles zu kaufen, was ihre Schwestern wollten**

คงไม่พอที่จะซื้อทุกสิ่งที่น้องสาวของเธอต้องการ

**„Was möchtest du, Schönheit?", fragte ihr Vater**

"อยากได้อะไรคะคนสวย" พ่อของเธอถาม

**"Danke, Vater, dass du so nett bist, an mich zu denken", sagte sie**

"ขอบคุณคุณพ่อที่กรุณานึกถึงฉัน" เธอกล่าว

**„Vater, sei so freundlich und bring mir eine Rose mit"**

"คุณพ่อ โปรดกรุณาเอาดอกกุหลาบมาให้ฉันด้วยเถิด"

**„weil hier im Garten keine Rosen wachsen"**

"เพราะที่นี่ไม่มีกุหลาบขึ้นในสวน"

„und Rosen sind eine Art Rarität"

"และดอกกุหลาบก็เป็นของหายากชนิดหนึ่ง"

Schönheit mochte Rosen nicht wirklich

ความงามไม่ได้สนใจดอกกุหลาบจริงๆ

sie bat nur um etwas, um ihre Schwestern nicht zu verurteilen

เธอขอเพียงบางอย่างไม่ให้ตำหนิพี่สาวของเธอ

aber ihre Schwestern dachten, sie hätte aus anderen Gründen nach Rosen gefragt

แต่พี่สาวของเธอคิดว่าเธอขอดอกกุหลาบเพราะเหตุผลอื่น

„Sie hat es nur getan, um besonders auszusehen"

"เธอทำแบบนั้นเพียงเพื่อให้ดูพิเศษ"

Der freundliche Mann machte sich auf die Reise

ชายผู้ใจดีได้ออกเดินทาง

aber als er ankam, stritten sie über die Ware

แต่พอเขามาถึงก็ทะเลาะกันเรื่องสินค้า

und nach viel Ärger kam er genauso arm zurück wie zuvor

และหลังจากผ่านความยากลำบากมากมายเขาก็กลับมาจนเหมือนเดิม

er war nur ein paar Stunden von seinem eigenen Haus entfernt

เขาอยู่ห่างจากบ้านของเขาเองเพียงไม่กี่ชั่วโมง

und er stellte sich schon die Freude vor, seine Kinder zu sehen

และเขาจินตนาการถึงความสุขในการได้เห็นลูกๆ ของเขาแล้ว

aber als er durch den Wald ging, verirrte er sich

แต่พอผ่านป่าไปก็หลงทาง

es hat furchtbar geregnet und geschneit

ฝนตกและหิมะตกหนักมาก
**der Wind war so stark, dass er ihn vom Pferd warf**
ลมแรงมากจนเขากระเด็นตกจากหลังม้า
**und die Nacht kam schnell**
และกลางคืนก็มาถึงอย่างรวดเร็ว
**er begann zu glauben, er müsse verhungern**
เขาเริ่มคิดว่าเขาอาจจะอดอาหาร
**und er dachte, er könnte erfrieren**
และเขาคิดว่าเขาอาจจะตายด้วยความหนาวตาย
**und er dachte, Wölfe könnten ihn fressen**
และเขาคิดว่าหมาป่าอาจกินเขา
**die Wölfe, die er um sich herum heulen hörte**
หมาป่าที่เขาได้ยินหอนอยู่รอบตัวเขา
**aber plötzlich sah er ein Licht**
แต่ทันใดนั้นเขาก็เห็นแสงสว่าง
**er sah das Licht in der Ferne durch die Bäume**
เขาเห็นแสงสว่างอยู่ไกลๆ ผ่านต้นไม้
**als er näher kam, sah er, dass das Licht ein Palast war**
เมื่อเข้าไปใกล้ก็เห็นว่าแสงนั้นคือวัง
**der Palast war von oben bis unten beleuchtet**
พระราชวังได้รับการส่องสว่างจากบนลงล่าง
**Der Kaufmann dankte Gott für sein Glück**
พ่อค้าขอบคุณพระเจ้าสำหรับโชคของเขา
**und er eilte zum Palast**
แล้วเขาก็รีบไปยังพระราชวัง
**aber er war überrascht, keine Leute im Palast zu sehen**
แต่เขาแปลกใจที่ไม่เห็นคนอยู่ในวัง
**der Hof war völlig leer**

ลานบ้านว่างเปล่าโดยสิ้นเชิง
und nirgendwo ein Lebenszeichen
และไม่มีสัญญาณของสิ่งมีชีวิตอยู่เลย
sein Pferd folgte ihm in den Palast
ม้าของเขาตามเขาเข้าไปในพระราชวัง
und dann fand sein Pferd großen Stall
แล้วม้าของเขาก็พบคอกม้าใหญ่
das arme Tier war fast verhungert
สัตว์ที่น่าสงสารนั้นเกือบจะอดอาหารตาย
also ging sein Pferd hinein, um Heu und Hafer zu finden
ม้าของเขาจึงเข้าไปหาหญ้าแห้งและข้าวโอ๊ต
zum Glück fand er reichlich zu essen
โชคดีที่เขาพบอาหารมากมาย
und der Kaufmann band sein Pferd an die Krippe
และพ่อค้าก็ผูกม้าของตนไว้กับรางหญ้า
Als er zum Haus ging, sah er niemanden
เดิน ไปทางบ้านไม่เห็นใครเลย
aber in einer großen Halle fand er ein gutes Feuer
แต่ในห้องโถงใหญ่เขาพบไฟที่ดี
und er fand einen Tisch für eine Person gedeckt
และเขาพบโต๊ะที่จัดไว้สำหรับหนึ่งคน
er war nass vom Regen und Schnee
เขาเปียกจากฝนและหิมะ
Also ging er zum Feuer, um sich abzutrocknen
เขาจึงเข้าไปใกล้ไฟเพื่อเช็ดตัวให้แห้ง
„Ich hoffe, der Hausherr entschuldigt mich"
"ผมหวังว่าเจ้าของบ้านคงจะยกโทษให้ผม"
„Ich schätze, es wird nicht lange dauern, bis jemand

auftaucht."
"ฉันคิดว่าคงจะไม่นานเกินรอที่จะมีใครปรากฏตัว"
Er wartete eine beträchtliche Zeit
เขาคอยอยู่นานพอสมควร
er wartete, bis es elf schlug, und noch immer kam niemand
เขาคอยจนกระทั่งตีสิบเอ็ดก็ยังไม่มีใครมา
Schließlich war er so hungrig, dass er nicht länger warten konnte
ในที่สุดเขาก็หิวมากจนรอไม่ไหวอีกต่อไป
er nahm ein Hühnchen und aß es in zwei Bissen
เขาหยิบไก่มากินหมดภายในสองคำ
er zitterte beim Essen
เขาตัวสั่นขณะกินอาหาร
danach trank er ein paar Gläser Wein
หลังจากนี้เขาก็ดื่มไวน์ไปสองสามแก้ว
Er wurde mutiger und verließ den Saal
เขาเริ่มกล้ามากขึ้นจึงเดินออกไปจากห้องโถง
und er durchquerte mehrere große Hallen
และเขาเดินผ่านห้องโถงใหญ่หลายห้อง
Er ging durch den Palast, bis er in eine Kammer kam
เขาเดินผ่านพระราชวังจนมาถึงห้องหนึ่ง
eine Kammer, in der sich ein überaus gutes Bett befand
ห้องที่มีเตียงอันดีอย่างยิ่งอยู่ภายใน
er war von der Tortur sehr erschöpft
เขาเหนื่อยมากจากการทดสอบของเขา
und es war schon nach Mitternacht
และเวลาก็เลยเที่ยงคืนไปแล้ว
also beschloss er, dass es das Beste sei, die Tür zu schließen

เขาจึงตัดสินใจว่าควรจะปิดประตูเสียดีกว่า
und er beschloss, dass er zu Bett gehen sollte
แล้วเขาก็สรุปว่าเขาควรจะเข้านอน
Es war zehn Uhr morgens, als der Kaufmann aufwachte
เป็นเวลาสิบโมงเช้าพ่อค้าจึงตื่นนอน
gerade als er aufstehen wollte, sah er etwas
ขณะที่เขาจะลุกขึ้นก็เห็นบางอย่าง
er war erstaunt, saubere Kleidung zu sehen
เขาประหลาดใจเมื่อเห็นชุดเสื้อผ้าสะอาดหมดจด
an der Stelle, wo er seine schmutzigen Kleider zurückgelassen hatte
ในสถานที่ที่เขาทิ้งเสื้อผ้าสกปรกของเขาไว้
"Mit Sicherheit gehört dieser Palast einer netten Fee"
"พระราชวังแห่งนี้ต้องเป็นของนางฟ้าบางชนิดแน่ๆ"
„eine Fee, die mich gesehen und bemitleidet hat"
" นางฟ้า ที่ได้เห็นและสงสารฉัน"
er sah durch ein Fenster
เขามองผ่านหน้าต่าง
aber statt Schnee sah er den herrlichsten Garten
แต่แทนที่จะเห็นหิมะเขากลับเห็นสวนที่น่ารื่นรมย์ที่สุด
und im Garten waren die schönsten Rosen
และในสวนก็มีดอกกุหลาบที่สวยงามที่สุด
dann kehrte er in die große Halle zurück
จากนั้นเขาก็กลับเข้าสู่ห้องโถงใหญ่
der Saal, in dem er am Abend zuvor Suppe gegessen hatte
ห้องโถงที่เขาเคยกินซุปเมื่อคืนก่อน
und er fand etwas Schokolade auf einem kleinen Tisch
และเขาพบช็อคโกแลตบนโต๊ะเล็กๆ

„Danke, liebe Frau Fee", sagte er laut
"ขอบคุณนะท่านหญิงนางฟ้าผู้แสนดี" เขาพูดออกมาดังๆ
„Danke für Ihre Fürsorge"
"ขอบคุณที่คอยห่วงใย"
„Ich bin Ihnen für all Ihre Gefälligkeiten äußerst dankbar"
"ผมรู้สึกขอบคุณคุณมากสำหรับความโปรดปรานทั้งหมดของคุณ
"

Der freundliche Mann trank seine Schokolade
ผู้ชายที่ใจดีดื่มช็อคโกแลตของเขา
und dann ging er sein Pferd suchen
แล้วเขาก็ไปหาม้าของเขา
aber im Garten erinnerte er sich an die Bitte der Schönheit
แต่ในสวนเขาจำคำขอของความงามได้
und er schnitt einen Rosenzweig ab
และเขาตัดกิ่งกุหลาบออกไป
sofort hörte er ein lautes Geräusch
ทันใดนั้นเขาก็ได้ยินเสียงดังมาก
und er sah ein furchtbar furchtbares Tier
และเขาได้เห็นสัตว์ร้ายที่น่ากลัวมาก
er war so erschrocken, dass er kurz davor war, ohnmächtig zu werden
เขาตกใจมากจนแทบจะเป็นลม
„Du bist sehr undankbar", sagte das Tier zu ihm
"เจ้าช่างเนรคุณยิ่งนัก" สัตว์ร้ายกล่าวกับเขา
und das Tier sprach mit schrecklicher Stimme
และสัตว์ร้ายนั้นก็พูดด้วยน้ำเสียงที่น่ากลัว
„Ich habe dein Leben gerettet, indem ich dich in mein Schloss gelassen habe"

"ฉันช่วยชีวิตคุณไว้ด้วยการยอมให้คุณเข้ามาในปราสาทของฉัน"

"und dafür stiehlst du mir im Gegenzug meine Rosen?"

"แล้วคุณก็ขโมยดอกกุหลาบของฉันไปเพื่อแลกกับสิ่งนี้เหรอ?"

„Die Rosen sind für mich mehr wert als alles andere"

"ดอกกุหลาบที่ฉันให้ความสำคัญเหนือสิ่งอื่นใด"

„Aber du wirst für das, was du getan hast, sterben"

"แต่เจ้าจะต้องตายเพราะสิ่งที่เจ้าทำ"

„Ich gebe Ihnen nur eine Viertelstunde, um sich vorzubereiten"

"ฉันให้เวลาคุณเตรียมตัวเพียง 15 นาทีเท่านั้น"

„Bereiten Sie sich auf den Tod vor und sprechen Sie Ihre Gebete"

"เตรียมตัวให้พร้อมสำหรับความตายและสวดมนต์ภาวนา"

der Kaufmann fiel auf die Knie

พ่อค้าก็คุกเข่าลง

und er hob beide Hände

และเขาก็ยกมือทั้งสองขึ้น

„Mein Herr, ich flehe Sie an, mir zu vergeben"

"ท่านลอร์ด

ข้าพเจ้าขอวิงวอนท่านโปรดยกโทษให้แก่ข้าพเจ้าด้วย"

„Ich hatte nicht die Absicht, Sie zu beleidigen"

"ฉันไม่มีเจตนาจะทำให้คุณขุ่นเคือง"

„Ich habe für eine meiner Töchter eine Rose gepflückt"

"ฉันเก็บดอกกุหลาบมาฝากลูกสาวคนหนึ่งของฉัน"

„Sie bat mich, ihr eine Rose mitzubringen"

"เธอขอให้ฉันนำดอกกุหลาบไปให้เธอ"

„Ich bin nicht euer Herr, sondern ein Tier", antwortete das Monster

"ฉันไม่ใช่เจ้านายของคุณ แต่ฉันเป็นสัตว์ร้าย" สัตว์ประหลาดตอบ

„Ich mag keine Komplimente"

"ฉันไม่ชอบคำชม"

„Ich mag Menschen, die so sprechen, wie sie denken"

"ผมชอบคนที่พูดตามความคิด"

„glauben Sie nicht, dass ich durch Schmeicheleien bewegt werden kann"

"อย่าคิดว่าฉันจะสะเทือนใจได้เพราะคำเยินยอ"

„Aber Sie sagen, Sie haben Töchter"

"แต่คุณบอกว่าคุณมีลูกสาว"

„Ich werde dir unter einer Bedingung vergeben"

"ฉันจะให้อภัยคุณ แต่มีเงื่อนไขข้อหนึ่ง"

„Eine deiner Töchter muss freiwillig in meinen Palast kommen"

"ลูกสาวของคุณคนหนึ่งจะต้องมาที่วังของฉันโดยเต็มใจ"

"und sie muss für dich leiden"

"และเธอจะต้องทนทุกข์เพื่อคุณ"

„Gib mir Dein Wort"

"ให้ฉันได้พูดคำของคุณ"

„Und dann können Sie Ihren Geschäften nachgehen"

"แล้วคุณก็สามารถดำเนินกิจการของคุณต่อไปได้"

„Versprich mir das:"

"สัญญากับฉันสิว่า:"

„Wenn Ihre Tochter sich weigert, für Sie zu sterben, müssen Sie innerhalb von drei Monaten zurückkehren"

"ถ้าลูกสาวคุณไม่ยอมตายแทนคุณ

คุณต้องกลับมาภายในสามเดือน"

der Kaufmann hatte nicht die Absicht, seine Töchter zu opfern

พ่อค้าไม่มีเจตนาที่จะเสียสละลูกสาวของตน

**aber da ihm Zeit gegeben wurde, wollte er seine Töchter noch einmal sehen**

แต่เนื่องจากเขาได้รับเวลาจึงอยากพบลูกสาวอีกครั้ง

**also versprach er, dass er zurückkehren würde**

เขาจึงสัญญาว่าจะกลับมา

**und das Tier sagte ihm, er könne aufbrechen, wann er wolle**

และสัตว์ร้ายนั้นบอกเขาว่าเขาสามารถออกเดินทางได้เมื่อใดก็ได้ตามที่เขาต้องการ

**und das Tier erzählte ihm noch etwas**

และสัตว์ร้ายก็บอกเขาอีกเรื่องหนึ่ง

**„Du sollst nicht mit leeren Händen gehen"**

"ท่านจะต้องไม่จากไปมือเปล่า"

**„Geh zurück in das Zimmer, in dem du lagst"**

"กลับไปยังห้องที่คุณนอนอยู่"

**„Sie werden eine große leere Schatzkiste sehen"**

"คุณจะเห็นหีบสมบัติว่างเปล่าขนาดใหญ่"

**„Fülle die Schatzkiste mit allem, was Dir am besten gefällt"**

"เติมหีบสมบัติด้วยสิ่งที่คุณชอบที่สุด"

**„und ich werde die Schatzkiste zu Dir nach Hause schicken"**

"แล้วฉันจะส่งหีบสมบัติไปที่บ้านของคุณ"

**und gleichzeitig zog sich das Tier zurück**

และในเวลาเดียวกันนั้นสัตว์ร้ายก็ถอยกลับไป

**„Nun", sagte sich der gute Mann**

"เอาล่ะ" ชายผู้ดีพูดกับตัวเอง

**„Wenn ich sterben muss, werde ich meinen Kindern wenigstens etwas hinterlassen"**

"หากฉันต้องตาย ฉันคงทิ้งบางสิ่งบางอย่างไว้ให้ลูกหลานบ้าง"

**so kehrte er ins Schlafzimmer zurück**
แล้วเขาก็กลับเข้าไปในห้องนอน
**und er fand sehr viele Goldstücke**
และเขาพบเศษทองคำจำนวนมากมาย
**er füllte die Schatzkiste, die das Tier erwähnt hatte**
เขาเติมหีบสมบัติที่สัตว์ร้ายได้กล่าวถึง
**und er holte sein Pferd aus dem Stall**
แล้วเขาก็เอาม้าของเขาออกจากคอก
**die Freude, die er beim Betreten des Palastes empfand, war nun genauso groß wie die Trauer, die er beim Verlassen des Palastes empfand**
ความสุขที่เขารู้สึกเมื่อเข้าไปในพระราชวังตอนนี้ก็เท่ากับความเศร้าที่เขารู้สึกเมื่อออกจากพระราชวังไปแล้ว
**Das Pferd nahm einen der Wege im Wald**
ม้าเดินไปตามทางหนึ่งในป่า
**und in wenigen Stunden war der gute Mann zu Hause**
และอีกไม่กี่ชั่วโมงชายดีก็กลับบ้าน
**seine Kinder kamen zu ihm**
ลูกๆ ของเขามาหาเขา
**aber anstatt ihre Umarmungen mit Freude entgegenzunehmen, sah er sie an**
แต่แทนที่จะรับการกอดด้วยความยินดี เขากลับมองดูพวกเขา
**er hielt den Ast hoch, den er in den Händen hielt**
เขาชูกิ่งไม้ที่อยู่ในมือขึ้นมา
**und dann brach er in Tränen aus**
แล้วเขาก็เริ่มร้องไห้ออกมา
**„Schönheit", sagte er, „nimm bitte diese Rosen"**
"สวยจัง" เขากล่าว "โปรดรับดอกกุหลาบเหล่านี้ไป"
**„Sie können nicht wissen, wie teuer diese Rosen waren"**

"คุณคงไม่รู้หรอกว่าดอกกุหลาบเหล่านี้มีราคาแพงขนาดไหน"

„Diese Rosen haben deinen Vater das Leben gekostet"

"ดอกกุหลาบเหล่านี้ทำให้พ่อของคุณต้องเสียชีวิต"

und dann erzählte er von seinem tödlichen Abenteuer

แล้วเขาก็เล่าถึงการผจญภัยอันเลวร้ายของเขา

Sofort schrien die beiden ältesten Schwestern

พี่สาวคนโตทั้งสองก็ร้องตะโกนออกมาทันที

und sie sagten viele gemeine Dinge zu ihrer schönen Schwester

และพวกเขาก็พูดจาไม่ดีกับน้องสาวคนสวยของพวกเขามากมาย

aber die Schönheit weinte überhaupt nicht

แต่ความงามกลับไม่ร้องไห้เลย

„Seht euch den Stolz dieses kleinen Schurken an", sagten sie

"ดูความภูมิใจของเด็กน้อยผู้น่าสงสารคนนั้นสิ" พวกเขาพูด

„Sie hat nicht nach schönen Kleidern gefragt"

"เธอไม่ได้ขอเสื้อผ้าดีๆ"

„Sie hätte tun sollen, was wir getan haben"

"เธอควรทำเหมือนกับที่เราทำ"

„Sie wollte sich hervortun"

"เธอต้องการที่จะทำให้ตัวเองแตกต่าง"

„so wird sie nun den Tod unseres Vaters bedeuten"

"ดังนั้นตอนนี้เธอคงเป็นความตายของพ่อของเรา"

„und doch vergießt sie keine Träne"

"แต่นางก็ไม่หลั่งน้ำตา"

"Warum sollte ich weinen?", antwortete die Schönheit

"ทำไมฉันต้องร้องไห้" บิวตี้ตอบ

„Weinen wäre völlig unnötig"

"การร้องไห้คงไม่จำเป็นเลย"

„Mein Vater wird nicht für mich leiden"

"พ่อของฉันจะไม่ทนทุกข์แทนฉัน"

„Das Monster wird eine seiner Töchter akzeptieren"

"เจ้าสัตว์ประหลาดจะยอมรับลูกสาวคนหนึ่งของมัน"

„Ich werde mich seiner ganzen Wut aussetzen"

"ฉันจะยอมมอบตัวต่อความโกรธเกรี้ยวของเขา"

„Ich bin sehr glücklich, denn mein Tod wird das Leben meines Vaters retten"

"ผมดีใจมากเพราะการตายของผมจะช่วยชีวิตพ่อไว้ได้"

„Mein Tod wird ein Beweis meiner Liebe sein"

"ความตายของฉันจะเป็นเครื่องพิสูจน์ความรักของฉัน"

„Nein, Schwester", sagten ihre drei Brüder

"ไม่หรอกพี่สาว" พี่ชายทั้งสามของเธอกล่าว

„das darf nicht sein"

"นั่นจะไม่เกิดขึ้น"

„Wir werden das Monster finden"

"เราจะไปตามหาสัตว์ประหลาดนั้น"

"und entweder wir werden ihn töten..."

"แล้วเราจะฆ่าเขาหรือเปล่า..."

„... oder wir werden bei dem Versuch umkommen"

"...หรือเราจะพินาศเพราะการพยายามนี้"

„Stellt euch nichts dergleichen vor, meine Söhne", sagte der Kaufmann

"อย่าคิดเรื่องแบบนั้นเลยลูก" พ่อค้ากล่าว

„Die Kraft des Biests ist so groß, dass ich keine Hoffnung habe, dass Ihr es besiegen könntet."

"พลังของสัตว์ร้ายนั้นยิ่งใหญ่มากจนข้าไม่มีความหวังว่าเจ้าจะเอา

ชนะมันได้"

„Ich bin entzückt von dem freundlichen und großzügigen Angebot der Schönheit"

"ผมหลงใหลในความงามอันแสนดีและเอื้อเฟื้อเผื่อแผ่"

„aber ich kann ihre Großzügigkeit nicht annehmen"

"แต่ฉันไม่สามารถยอมรับความเอื้อเฟื้อของเธอได้"

„Ich bin alt und habe nicht mehr lange zu leben"

"ฉันแก่แล้ว และคงอยู่ได้ไม่นาน"

„also kann ich nur ein paar Jahre verlieren"

"ฉันจึงสูญเสียเวลาไปเพียงไม่กี่ปีเท่านั้น"

„Zeit, die ich für euch bereue, meine lieben Kinder"

"เวลาที่แม่เสียใจแทนลูกๆ ของแม่"

„Aber Vater", sagte die Schönheit

"แต่คุณพ่อ" นางงามกล่าว

„Du sollst nicht ohne mich in den Palast gehen"

"เจ้าจะเข้าพระราชวังไม่ได้ถ้าไม่มีข้า"

„Du kannst mich nicht davon abhalten, dir zu folgen"

"คุณไม่สามารถหยุดฉันจากการติดตามคุณได้"

nichts könnte Schönheit vom Gegenteil überzeugen

ไม่มีสิ่งใดสามารถโน้มน้าวใจความงามได้

Sie bestand darauf, in den schönen Palast zu gehen

นางยืนกรานจะไปพระราชวังอันวิจิตรตรงดงาม

und ihre Schwestern waren erfreut über ihre Beharrlichkeit

และพี่สาวของเธอก็ดีใจกับความยืนกรานของเธอ

Der Kaufmann war besorgt bei dem Gedanken, seine Tochter zu verlieren

พ่อค้าเกิดความวิตกกังวลเมื่อคิดว่าจะต้องสูญเสียลูกสาวไป

er war so besorgt, dass er die Truhe voller Gold vergessen hatte

เขากังวลมากจนลืมไปว่ามีหีบที่เต็มไปด้วยทองอยู่

**Abends begab er sich zur Ruhe und schloss die Tür seines Zimmers.**

ในเวลากลางคืนเขาเข้านอนและปิดประตูห้องของเขา

**Dann fand er zu seinem großen Erstaunen den Schatz neben seinem Bett.**

แล้วเขาก็พบสมบัติอยู่ข้างเตียงของเขาด้วยความประหลาดใจอย่างยิ่ง

**er war entschlossen, es seinen Kindern nicht zu erzählen**

เขาตั้งใจที่จะไม่บอกลูกๆ ของเขา

**Wenn sie es gewusst hätten, wären sie in die Stadt zurückgekehrt**

ถ้าพวกเขารู้พวกเขาคงอยากกลับเมืองไปแล้ว

**und er war entschlossen, das Land nicht zu verlassen**

และเขาตั้งใจว่าจะไม่ออกจากชนบทไป

**aber er vertraute der Schönheit das Geheimnis**

แต่เขาฝากความงามไว้กับความลับ

**Sie teilte ihm mit, dass zwei Herren gekommen seien**

เธอแจ้งให้เขาทราบว่ามีสุภาพบุรุษสองคนมา

**und sie machten ihren Schwestern einen Heiratsantrag**

และพวกเขาก็ขอแต่งงานกับน้องสาวของเธอ

**Sie bat ihren Vater, ihrer Heirat zuzustimmen**

เธอได้ขอร้องพ่อของเธอให้ยินยอมให้การแต่งงานของพวกเขา

**und sie bat ihn, ihnen etwas von seinem Vermögen zu geben**

และเธอขอให้เขาแบ่งทรัพย์สมบัติของเขาให้พวกเขาบ้าง

**sie hatte ihnen bereits vergeben**

เธอได้ให้อภัยพวกเขาไปแล้ว

**Die bösen Kreaturen rieben ihre Augen mit Zwiebeln**

พวกสัตว์ร้ายขี้ตาด้วยหัวหอม

**um beim Abschied von der Schwester ein paar Tränen zu vergießen**

ต้องหลั่งน้ำตาเมื่อต้องแยกทางกับน้องสาว

**aber ihre Brüder waren wirklich besorgt**

แต่พี่ชายของเธอเป็นห่วงจริงๆ

**Schönheit war die einzige, die keine Tränen vergoss**

ความงามเป็นสิ่งเดียวที่ไม่หลั่งน้ำตา

**sie wollte ihr Unbehagen nicht vergrößern**

เธอไม่ต้องการให้พวกเขารู้สึกไม่สบายใจเพิ่มมากขึ้น

**Das Pferd nahm den direkten Weg zum Palast**

ม้าเดินไปตามทางตรงไปยังพระราชวัง

**und gegen Abend sahen sie den erleuchteten Palast**

และเมื่อใกล้ค่ำก็มองเห็นพระราชวังสว่างไสว

**das Pferd begab sich wieder in den Stall**

ม้าก็พาตัวเองกลับเข้าคอกอีกครั้ง

**und der gute Mann und seine Tochter gingen in die große Halle**

และชายดีและลูกสาวของเขาเข้าไปในห้องโถงใหญ่

**hier fanden sie einen herrlich gedeckten Tisch**

ที่นี่พวกเขาพบโต๊ะที่จัดเสิร์ฟไว้อย่างงดงาม

**der Kaufmann hatte keinen Appetit zu essen**

พ่อค้าไม่มีความอยากอาหารที่จะกิน

**aber die Schönheit bemühte sich, fröhlich zu erscheinen**

แต่ความงามพยายามที่จะปรากฏให้ปรากฏเป็นความร่าเริง

**sie setzte sich an den Tisch und half ihrem Vater**

เธอนั่งลงที่โต๊ะและช่วยพ่อของเธอ

**aber sie dachte auch bei sich:**

แต่เธอเองก็คิดกับตัวเองว่า:

„Das Biest will mich sicher mästen, bevor es mich frisst"

"เจ้าสัตว์ร้ายนั่นคงจะอยากทำให้ฉันอ้วนก่อนที่มันจะกินฉัน"

„deshalb sorgt er für so viel Unterhaltung"

"นั่นคือเหตุผลว่าทำไมเขาจึงให้ความบันเทิงได้มากมายเช่นนี้"

Nachdem sie gegessen hatten, hörten sie ein großes Geräusch

หลังจากที่พวกเขากินเสร็จก็ได้ยินเสียงดังมาก

und der Kaufmann verabschiedete sich mit Tränen in den Augen von seinem unglücklichen Kind

และพ่อค้าก็กล่าวอำลาลูกสาวผู้เคราะห์ร้ายของเขาด้วยน้ำตาคลอเบ้า

weil er wusste, dass das Biest kommen würde

เพราะเขารู้ว่าสัตว์ร้ายกำลังจะมา

Die Schönheit war entsetzt über seine schreckliche Gestalt

นางงามตกใจกลัวรูปร่างอันน่าสะพรึงกลัวของเขา

aber sie nahm ihren Mut zusammen, so gut sie konnte

แต่เธอก็ใช้ความกล้าหาญเท่าที่เธอสามารถทำได้

und das Monster fragte sie, ob sie freiwillig mitkäme

และเจ้าสัตว์ประหลาดก็ถามเธอว่าเธอมาเต็มใจหรือเปล่า

"ja, ich bin freiwillig gekommen", sagte sie zitternd

"ใช่ ฉันมาด้วยความเต็มใจ" เธอกล่าวด้วยเสียงสั่นเทา

Das Tier antwortete: „Du bist sehr gut"

สัตว์ร้ายตอบว่า "คุณเก่งมาก"

„und ich bin Ihnen zu großem Dank verpflichtet, ehrlicher Mann"

"และฉันก็ขอบคุณคุณมากนะ คุณคนซื่อสัตย์"

„Geht morgen früh eure Wege"

"พรุ่งนี้เช้าคุณไปตามทางของคุณ"
„aber denk nie daran, wieder hierher zu kommen"
"แต่ไม่เคยคิดที่จะมาที่นี่อีก"
„Lebe wohl, Schönheit, lebe wohl, Biest", antwortete er
"ลาก่อนนะเจ้าคนสวย ลาก่อนเจ้าสัตว์ร้าย" เขาตอบ
und sofort zog sich das Monster zurück
และทันใดนั้นเจ้าสัตว์ประหลาดก็ถอยกลับไป
"Oh, Tochter", sagte der Kaufmann
"โอ้ลูกสาว" พ่อค้ากล่าว
und er umarmte seine Tochter noch einmal
และเขาก็กอดลูกสาวของเขาอีกครั้ง
„Ich habe fast Todesangst"
"ผมแทบจะกลัวตายเลย"
„glauben Sie mir, Sie sollten lieber zurückgehen"
"เชื่อฉันเถอะ คุณควรกลับไปดีกว่า"
„Lass mich hier bleiben, statt dir"
"ให้ฉันอยู่ที่นี่แทนคุณ"
„Nein, Vater", sagte die Schönheit entschlossen
"ไม่หรอกพ่อ" นางงามกล่าวด้วยน้ำเสียงเด็ดขาด
„Du sollst morgen früh aufbrechen"
"ท่านจะต้องออกเดินทางพรุ่งนี้เช้า"
„überlasse mich der Obhut und dem Schutz der Vorsehung"
"ปล่อยให้ฉันอยู่ภายใต้การดูแลและคุ้มครองของพระผู้เป็นเจ้า"
trotzdem gingen sie zu Bett
ถึงกระนั้นพวกเขาก็เข้านอน
Sie dachten, sie würden die ganze Nacht kein Auge zutun
พวกเขาคิดว่าพวกเขาจะไม่หลับตาตลอดทั้งคืน
aber als sie sich hinlegten, schliefen sie ein

แต่พอพวกเขานอนลงก็หลับไป

**Die Schönheit träumte, eine schöne Dame kam und sagte zu ihr:**

นางงามฝันเห็นหญิงงามคนหนึ่งมาพูดกับนางว่า

**„Ich bin zufrieden, Schönheit, mit deinem guten Willen"**

"ฉันพอใจในความปรารถนาดีของคุณนะคนสวย"

**„Diese gute Tat von Ihnen wird nicht unbelohnt bleiben"**

"ความดีของท่านนี้จะไม่สูญเปล่า"

**Die Schöne erwachte und erzählte ihrem Vater ihren Traum**

นางงามตื่นมาเล่าความฝันให้พ่อฟัง

**der Traum tröstete ihn ein wenig**

ความฝันนั้นช่วยทำให้เขาสบายใจขึ้นบ้างเล็กน้อย

**aber er konnte nicht anders, als bitterlich zu weinen, als er ging**

แต่เขาอดไม่ได้ที่จะร้องไห้ด้วยความขมขื่นขณะที่เขากำลังจะจากไป

**Sobald er weg war, setzte sich Schönheit in die große Halle und weinte ebenfalls**

พอเขาไปแล้ว นางงามก็นั่งลงในห้องโถงใหญ่แล้วร้องไห้ด้วย

**aber sie beschloss, sich keine Sorgen zu machen**

แต่เธอตั้งใจว่าจะไม่กังวล

**Sie beschloss, in der kurzen Zeit, die ihr noch zu leben blieb, stark zu sein**

เธอตัดสินใจที่จะเข้มแข็งเพื่อช่วงเวลาอันสั้นที่เธอเหลืออยู่

**weil sie fest davon überzeugt war, dass das Biest sie fressen würde**

เพราะเธอเชื่อมั่นว่าสัตว์ร้ายจะกินเธอ

**Sie dachte jedoch, sie könnte genauso gut den Palast erkunden**

อย่างไรก็ตามเธอคิดว่าเธออาจจะสำรวจพระราชวังก็ได้
und sie wollte das schöne Schloss besichtigen
และนางก็อยากชมปราสาทอันสวยงาม
ein Schloss, das sie bewundern musste
ปราสาทที่เธอไม่อาจละสายตาไปชื่นชม
Es war ein wunderbar angenehmer Palast
เป็นพระราชวังที่น่ารื่นรมย์มาก
und sie war äußerst überrascht, als sie eine Tür sah
และเธอก็แปลกใจมากเมื่อเห็นประตู
und über der Tür stand, dass es ihr Zimmer sei
และเหนือประตูก็เขียนไว้ว่าเป็นห้องของเธอ
sie öffnete hastig die Tür
เธอเปิดประตูอย่างรีบเร่ง
und sie war ganz geblendet von der Pracht des Raumes
และเธอก็ตะลึงกับความอลังการของห้องนั้นมาก
was ihre Aufmerksamkeit vor allem auf sich zog, war eine große Bibliothek
สิ่งที่ดึงดูดความสนใจของเธอมากที่สุดคือห้องสมุดขนาดใหญ่
ein Cembalo und mehrere Notenbücher
ฮาร์ปซิคอร์ดและหนังสือเพลงหลายเล่ม
„Nun", sagte sie zu sich selbst
"เอาล่ะ" เธอพูดกับตัวเอง
„Ich sehe, das Biest wird meine Zeit nicht verstreichen lassen"
"ฉันเห็นว่าสัตว์ร้ายจะไม่ปล่อยให้เวลาของฉันหนักเกินไป"
dann dachte sie über ihre Situation nach
แล้วเธอก็ทบทวนถึงสถานการณ์ของเธอ
„Wenn ich einen Tag bleiben sollte, wäre das alles nicht hier"

"ถ้าฉันถูกกำหนดให้อยู่ที่นี่สักวัน ทั้งหมดนี้คงไม่เกิดขึ้น"
diese Überlegung gab ihr neuen Mut
การพิจารณาเรื่องนี้ทำให้เธอมีกำลังใจใหม่
und sie nahm ein Buch aus ihrer neuen Bibliothek
และเธอก็หยิบหนังสือจากห้องสมุดใหม่ของเธอ
und sie las diese Worte in goldenen Buchstaben:
และเธออ่านคำเหล่านี้ด้วยตัวอักษรสีทอง:
„Begrüße Schönheit, vertreibe die Angst"
"ยินดีต้อนรับความงาม ขจัดความกลัวออกไป"
„Du bist hier Königin und Herrin"
"คุณเป็นราชินีและเจ้านายที่นี่"
„Sprich deine Wünsche aus, sprich deinen Willen aus"
"พูดความปรารถนาของคุณ พูดเจตจำนงของคุณ"
„Schneller Gehorsam begegnet hier Ihren Wünschen"
"การเชื่อฟังอย่างรวดเร็วจะตอบสนองความปรารถนาของคุณที่นี่"
"Ach", sagte sie mit einem Seufzer
"อนิจจา" เธอกล่าวด้วยเสียงถอนหายใจ
„Am meisten wünsche ich mir, meinen armen Vater zu sehen"
"ฉันปรารถนาอย่างยิ่งที่จะได้เห็นพ่อที่น่าสงสารของฉัน"
„und ich würde gerne wissen, was er tut"
"และฉันอยากรู้ว่าเขาทำอะไรอยู่"
Kaum hatte sie das gesagt, bemerkte sie den Spiegel
เมื่อเธอพูดจบเธอก็สังเกตเห็นกระจก
zu ihrem großen Erstaunen sah sie ihr eigenes Zuhause im Spiegel
เธอประหลาดใจมากที่เห็นบ้านของตัวเองในกระจก
Ihr Vater kam emotional erschöpft an

พ่อของเธอมาถึงในสภาพเหนื่อยล้าทางอารมณ์
Ihre Schwestern gingen ihm entgegen
พี่สาวของเธอไปพบเขา
trotz ihrer Versuche, traurig zu wirken, war ihre Freude sichtbar
แม้จะพยายามแสดงอาการเศร้าโศก แต่ความสุขกลับปรากฏชัด
einen Moment später war alles verschwunden
สักครู่ต่อมาทุกอย่างก็หายไป
und auch die Befürchtungen der Schönheit verschwanden
และความวิตกกังวลของความงามก็หายไปด้วย
denn sie wusste, dass sie dem Tier vertrauen konnte
เพราะเธอรู้ว่าเธอสามารถไว้ใจสัตว์ร้ายนั้นได้
Mittags fand sie das Abendessen fertig
เมื่อเที่ยงเธอก็พบว่าอาหารเย็นเสร็จแล้ว
sie setzte sich an den Tisch
เธอนั่งลงที่โต๊ะ
und sie wurde mit einem Musikkonzert unterhalten
และเธอได้รับความบันเทิงด้วยการแสดงดนตรี
obwohl sie niemanden sehen konnte
แม้ว่าเธอไม่สามารถมองเห็นใครเลย
abends setzte sie sich wieder zum Abendessen
ตอนกลางคืนเธอก็มานั่งกินข้าวเย็นอีก
diesmal hörte sie das Geräusch, das das Tier machte
คราวนี้เธอได้ยินเสียงสัตว์ร้ายร้องออกมา
und sie konnte nicht anders, als Angst zu haben
และเธอก็อดไม่ได้ที่จะหวาดกลัว
"Schönheit", sagte das Monster
"ความงาม" เจ้าสัตว์ประหลาดกล่าว

"erlaubst du mir, mit dir zu essen?"

"คุณอนุญาตให้ฉันกินข้าวกับคุณได้ไหม"

"Mach, was du willst", antwortete die Schönheit zitternd

"ทำตามที่เธอพอใจ" ความงามตอบด้วยเสียงสั่นเทา

„Nein", antwortete das Tier

"ไม่" สัตว์ร้ายตอบ

„Du allein bist hier die Herrin"

"คุณเป็นเจ้านายคนเดียวที่นี่"

„Sie können mich wegschicken, wenn ich Ärger mache"

"ถ้าฉันสร้างปัญหา คุณสามารถส่งฉันไปได้"

„schick mich fort, und ich werde mich sofort zurückziehen"

"ส่งฉันไปเถอะ ฉันจะถอนตัวทันที"

„Aber sagen Sie mir: Finden Sie mich nicht sehr hässlich?"

"แต่บอกฉันหน่อยสิว่าคุณไม่คิดว่าฉันน่าเกลียดเลยหรือ?"

„Das stimmt", sagte die Schönheit

"นั่นเป็นเรื่องจริง" นางงามกล่าว

„Ich kann nicht lügen"

"ฉันไม่สามารถโกหกได้"

„aber ich glaube, Sie sind sehr gutmütig"

"แต่ฉันเชื่อว่าคุณเป็นคนดีมาก"

„Das bin ich tatsächlich", sagte das Monster

"ฉันเป็นเช่นนั้นจริงๆ" สัตว์ประหลาดกล่าว

„Aber abgesehen von meiner Hässlichkeit habe ich auch keinen Verstand"

"แต่ถึงแม้ฉันจะน่าเกลียดแค่ไหน ฉันก็ไม่มีความรู้สึกเช่นกัน"

„Ich weiß sehr wohl, dass ich ein dummes Wesen bin"

"ฉันรู้ดีว่าฉันเป็นสิ่งมีชีวิตที่โง่เขลา"

„Es ist kein Zeichen von Torheit, so zu denken", antwortete die Schönheit

"การคิดเช่นนั้นไม่ใช่สัญญาณของความโง่เขลา" นางงามตอบ

„Dann iss, Schönheit", sagte das Monster

"กินซะนะคนสวย" สัตว์ประหลาดกล่าว

„Versuchen Sie, sich in Ihrem Palast zu amüsieren"

"พยายามหาความสนุกสนานในวังของคุณ"

"alles hier gehört dir"

"ทุกสิ่งทุกอย่างที่นี่คือของคุณ"

„Und ich wäre sehr unruhig, wenn Sie nicht glücklich wären"

"และฉันคงจะรู้สึกไม่สบายใจมาก หากคุณไม่มีความสุข"

„Sie sind sehr zuvorkommend", antwortete die Schönheit

"คุณมีน้ำใจมาก" นางงามตอบ

„Ich gebe zu, ich freue mich über Ihre Freundlichkeit"

"ข้าพเจ้ายอมรับว่าข้าพเจ้าพอใจในความกรุณาของท่าน"

„Und wenn ich über deine Freundlichkeit nachdenke, fallen mir deine Missbildungen kaum auf"

"และเมื่อฉันคิดถึงความกรุณาของคุณ

ฉันแทบจะไม่สังเกตเห็นความผิดปกติของคุณเลย"

„Ja, ja", sagte das Tier, „mein Herz ist gut

"ใช่ ใช่" สัตว์ร้ายกล่าว "ใจของฉันดี

„Aber obwohl ich gut bin, bin ich immer noch ein Monster"

"ถึงแม้ฉันจะเป็นคนดี แต่ฉันก็ยังเป็นสัตว์ประหลาดอยู่ดี"

„Es gibt viele Männer, die diesen Namen mehr verdienen als Sie."

"มีผู้ชายหลายคนที่คู่ควรกับชื่อนั้นมากกว่าคุณ"

„und ich bevorzuge dich, so wie du bist"

"และฉันก็ชอบคุณอย่างที่คุณเป็น"

„und ich ziehe dich denen vor, die ein undankbares Herz verbergen"

"และฉันชอบคุณมากกว่าคนเหล่านั้นที่ซ่อนหัวใจที่ไม่รู้จักบุญคุณ"

"Wenn ich nur etwas Verstand hätte", antwortete das Biest
"ถ้าเพียงแต่ข้าพเจ้ามีสติบ้าง" สัตว์ร้ายตอบ

„Wenn ich vernünftig wäre, würde ich Ihnen als Dank ein schönes Kompliment machen"
"ถ้าฉันมีสติ ฉันจะกล่าวคำขอบคุณคุณด้วยความยินดี"

"aber ich bin so langweilig"
"แต่ฉันโง่จังเลย"

„Ich kann nur sagen, dass ich Ihnen zu großem Dank verpflichtet bin"
"ผมพูดได้เพียงว่าผมรู้สึกซาบซึ้งต่อคุณมาก"

Schönheit aß ein herzhaftes Abendessen
สาวงามรับประทานอาหารเย็นอย่างอิ่มหนำ

und sie hatte ihre Angst vor dem Monster fast überwunden
และเธอก็เกือบจะเอาชนะความกลัวสัตว์ประหลาดนั้นได้แล้ว

aber sie wollte ohnmächtig werden, als das Biest ihr die nächste Frage stellte
แต่เธออยากจะหมดสติเมื่อสัตว์ร้ายถามคำถามต่อไปกับเธอ

"Schönheit, willst du meine Frau werden?"
"สวยจัง คุณจะเป็นภรรยาของฉันไหม"

es dauerte eine Weile, bis sie antworten konnte
เธอใช้เวลาสักพักก่อนที่จะตอบได้

weil sie Angst hatte, ihn wütend zu machen
เพราะเธอเกรงจะทำให้เขาโกรธ

Schließlich sagte sie jedoch "nein, Biest"
แต่สุดท้ายเธอก็บอกว่า "ไม่นะ เจ้าสัตว์ร้าย"

sofort zischte das arme Monster ganz fürchterlich

ทันใดนั้นสัตว์ประหลาดที่น่าสงสารก็ขู่ฟ่ออย่างน่ากลัวมาก
**und der ganze Palast hallte**
และทั้งพระราชวังก็ส่งเสียงดังก้อง
**aber die Schönheit erholte sich bald von ihrem Schrecken**
แต่นางงามก็หายจากความหวาดกลัวได้ในไม่ช้า
**denn das Tier sprach wieder mit trauriger Stimme**
เพราะสัตว์ร้ายพูดอีกครั้งด้วยน้ำเสียงเศร้าโศก
**„Dann leb wohl, Schönheit"**
"ลาก่อนนะคนสวย"
**und er drehte sich nur ab und zu um**
และเขาก็หันกลับมาบ้างเป็นครั้งคราว
**um sie anzusehen, als er hinausging**
เพื่อดูเธอขณะที่เขาออกไป
**jetzt war die Schönheit wieder allein**
ตอนนี้ความงามก็อยู่โดดเดี่ยวอีกครั้ง
**Sie empfand großes Mitgefühl**
เธอมีความรู้สึกสงสารมาก
**„Ach, es ist tausendmal schade"**
"น่าเสียดายเป็นพัน"
**„Etwas, das so gutmütig ist, sollte nicht so hässlich sein"**
"สิ่งใดก็ตามที่มีนิสัยดีไม่ควรจะน่าเกลียดเช่นนี้"
**Schönheit verbrachte drei Monate sehr zufrieden im Palast**
นางงามได้อยู่พระราชวังอย่างสบายใจเป็นเวลา 3 เดือน
**jeden Abend stattete ihr das Biest einen Besuch ab**
ทุกเย็นสัตว์ร้ายจะมาเยี่ยมเธอ
**und sie redeten beim Abendessen**
และพวกเขาก็พูดคุยกันระหว่างมื้อเย็น
**Sie sprachen mit gesundem Menschenverstand**

พวกเขาพูดคุยกันด้วยสามัญสำนึก

**aber sie sprachen nicht mit dem, was man als geistreich bezeichnet**

แต่พวกเขาไม่ได้พูดในสิ่งที่คนเรียกว่ามีไหวพริบ

**Schönheit entdeckte immer einen wertvollen Charakter im Biest**

ความงามมักจะค้นพบลักษณะอันล้ำค่าบางอย่างในตัวสัตว์ร้าย

**und sie hatte sich an seine Missbildung gewöhnt**

และเธอก็เคยชินกับความพิการของเขาแล้ว

**sie fürchtete sich nicht mehr vor seinem Besuch**

เธอไม่กลัวเวลาที่เขามาเยี่ยมอีกต่อไป

**jetzt schaute sie oft auf die Uhr**

ตอนนี้เธอดูนาฬิกาของเธอบ่อยๆ

**und sie konnte es kaum erwarten, bis es neun Uhr war**

และเธอไม่สามารถรอจนเกือบเก้าโมงได้

**denn das Tier kam immer zu dieser Stunde**

เพราะสัตว์ร้ายไม่เคยพลาดการมาในเวลานั้น

**Es gab nur eine Sache, die Schönheit betraf**

มีสิ่งเดียวที่เกี่ยวข้องกับความสวยงาม

**jeden Abend, bevor sie ins Bett ging, stellte ihr das Biest die gleiche Frage**

ทุกคืนก่อนเข้านอน เจ้าสัตว์ร้ายจะถามคำถามเดิมกับเธอ

**Das Monster fragte sie, ob sie seine Frau werden wolle**

สัตว์ประหลาดถามเธอว่าเธอจะเป็นภรรยาของเขาหรือไม่

**Eines Tages sagte sie zu ihm: „Biest, du machst mir große Sorgen."**

วันหนึ่งเธอกล่าวกับเขาว่า "เจ้าสัตว์ร้าย

เจ้าทำให้ฉันรู้สึกไม่สบายใจมาก"

**„Ich wünschte, ich könnte einwilligen, dich zu heiraten"**

"ฉันหวังว่าฉันจะยินยอมแต่งงานกับคุณได้"

„Aber ich bin zu aufrichtig, um dir zu glauben zu machen, dass ich dich heiraten würde"

"แต่ฉันจริงใจเกินกว่าที่จะทำให้คุณเชื่อว่าฉันจะแต่งงานกับคุณ"

„Unsere Ehe wird nie stattfinden"

"การแต่งงานของเราจะไม่มีวันเกิดขึ้น"

„Ich werde dich immer als Freund sehen"

"ฉันจะมองคุณเป็นเพื่อนเสมอ"

„Bitte versuchen Sie, damit zufrieden zu sein"

"โปรดพยายามพอใจกับสิ่งนี้"

„Damit muss ich zufrieden sein", sagte das Tier

"ข้าพเจ้าจะต้องพอใจกับสิ่งนี้" สัตว์ร้ายกล่าว

„Ich kenne mein eigenes Unglück"

"ฉันรู้ถึงความโชคร้ายของฉันเอง"

„aber ich liebe dich mit der zärtlichsten Zuneigung"

"แต่ฉันรักคุณด้วย ความรัก ที่อ่อนโยนที่สุด "

„Ich sollte mich jedoch als glücklich betrachten"

"อย่างไรก็ตาม ฉันควรจะถือว่าตัวเองมีความสุข"

"und ich würde mich freuen, wenn du hier bleibst"

"และฉันก็ควรจะดีใจที่คุณจะอยู่ที่นี่"

„versprich mir, mich nie zu verlassen"

"สัญญากับฉันนะว่าจะไม่ทิ้งฉันไป"

**Schönheit errötete bei diesen Worten**

ความงามเขินอายเมื่อได้ยินคำพูดเหล่านี้

**Eines Tages schaute die Schönheit in ihren Spiegel**

วันหนึ่งนางงามกำลังมองกระจก

**ihr Vater hatte sich schreckliche Sorgen um sie gemacht**

พ่อของเธอเองก็กังวลใจและเป็นห่วงเธอ

sie sehnte sich mehr denn je danach, ihn wiederzusehen
เธอปรารถนาที่จะพบเขาอีกครั้งมากกว่าที่เคย

„Ich könnte versprechen, dich nie ganz zu verlassen"
"ฉันสัญญาว่าจะไม่ทิ้งคุณไปเลย"

„aber ich habe so ein großes Verlangen, meinen Vater zu sehen"
"แต่ฉันมีความปรารถนาที่จะพบพ่อมาก"

„Ich wäre unendlich verärgert, wenn Sie nein sagen würden"
"ฉันจะเสียใจมากหากคุณปฏิเสธ"

"Ich würde lieber selbst sterben", sagte das Monster
"ฉันอยากตายเสียเองมากกว่า" สัตว์ประหลาดกล่าว

„Ich würde lieber sterben, als dir Unbehagen zu bereiten"
"ฉันยอมตายดีกว่าที่จะทำให้คุณรู้สึกไม่สบายใจ"

„Ich werde dich zu deinem Vater schicken"
"ฉันจะส่งคุณไปหาพ่อของคุณ"

„Du sollst bei ihm bleiben"
"เจ้าจะต้องอยู่กับเขา"

"und dieses unglückliche Tier wird stattdessen vor Kummer sterben"
"และสัตว์ร้ายตัวนี้จะตายด้วยความเศร้าโศกแทน"

"Nein", sagte die Schönheit weinend
"ไม่" นางงามกล่าวพร้อมร้องไห้

„Ich liebe dich zu sehr, um die Ursache deines Todes zu sein"
"ฉันรักคุณมากเกินกว่าจะเป็นสาเหตุของความตายของคุณได้"

„Ich verspreche Ihnen, in einer Woche wiederzukommen"
"ฉันสัญญาว่าจะกลับมาภายในหนึ่งสัปดาห์"

„Du hast mir gezeigt, dass meine Schwestern verheiratet

sind"
"คุณได้แสดงให้ฉันเห็นว่าพี่สาวของฉันแต่งงานแล้ว"
„und meine Brüder sind zur Armee gegangen"
"และพี่น้องของฉันได้ไปเข้ากองทัพ"
"Lass mich eine Woche bei meinem Vater bleiben, da er allein ist"
"ให้ฉันอยู่กับพ่อสักสัปดาห์หนึ่ง เพราะพ่ออยู่คนเดียว"
"Morgen früh wirst du dort sein", sagte das Tier
"พรุ่งนี้เช้าเจ้าจะไปถึงที่นั่น" สัตว์ร้ายกล่าว
„Aber denk an dein Versprechen"
"แต่จงจำคำสัญญาของคุณไว้"
„Sie brauchen Ihren Ring nur auf den Tisch zu legen, bevor Sie zu Bett gehen."
"คุณเพียงแค่ต้องวางแหวนของคุณไว้บนโต๊ะก่อนเข้านอน"
"Und dann werdet ihr vor dem Morgen zurückgebracht"
"แล้วเจ้าก็จะถูกนำกลับมาให้ทันก่อนรุ่งเช้า"
„Lebe wohl, liebe Schönheit", seufzte das Tier
"ลาก่อนนะที่รัก" สัตว์ร้ายถอนหายใจ
Die Schönheit ging an diesem Abend sehr traurig ins Bett
คืนนั้นนางงามเข้านอนด้วยความเศร้าใจมาก
weil sie das Tier nicht so besorgt sehen wollte
เพราะเธอไม่อยากเห็นสัตว์ร้ายเป็นกังวลมากขนาดนั้น
am nächsten Morgen fand sie sich im Haus ihres Vaters wieder
เช้าวันรุ่งขึ้นเธอก็พบว่าตัวเองอยู่ที่บ้านของพ่อของเธอ
sie läutete eine kleine Glocke neben ihrem Bett
เธอไปตีระฆังเล็กๆ ข้างเตียงของเธอ
und das Dienstmädchen stieß einen lauten Schrei aus
และสาวใช้ก็กรี๊ดเสียงดัง

und ihr Vater rannte nach oben
และพ่อของเธอก็วิ่งขึ้นไปชั้นบน
er dachte, er würde vor Freude sterben
เขาคิดว่าเขาจะตายด้วยความยินดี
er hielt sie eine Viertelstunde lang in seinen Armen
เขาอุ้มเธอไว้ในอ้อมแขนนานถึงหนึ่งในสี่ของชั่วโมง
irgendwann waren die ersten Grüße vorbei
ในที่สุดคำทักทายแรกก็ผ่านไป
Schönheit begann daran zu denken, aus dem Bett zu steigen
สาวสวยเริ่มคิดที่จะลุกออกจากเตียง
aber sie merkte, dass sie keine Kleidung mitgebracht hatte
แต่เธอรู้ตัวว่าเธอไม่ได้นำเสื้อผ้ามาเลย
aber das Dienstmädchen sagte ihr, sie habe eine Kiste gefunden
แต่สาวใช้บอกว่าเธอพบกล่องใบหนึ่ง
der große Koffer war voller Kleider und Kleider
หีบใหญ่เต็มไปด้วยชุดราตรีและชุดเดรส
jedes Kleid war mit Gold und Diamanten bedeckt
ชุดแต่ละชุดถูกประดับด้วยทองและเพชร
Schönheit dankte dem Tier für seine freundliche Pflege
นางงามขอบคุณบีสท์สำหรับการดูแลอันแสนดีของเขา
und sie nahm eines der schlichtesten Kleider
และเธอหยิบชุดหนึ่งที่เรียบง่ายที่สุด
Die anderen Kleider wollte sie ihren Schwestern schenken
เธอตั้งใจจะมอบชุดอื่น ๆ ให้กับน้องสาวของเธอ
aber bei diesem Gedanken verschwand die Kleidertruhe
แต่เมื่อคิดเช่นนั้นหีบเสื้อผ้าก็หายไป
Das Biest hatte darauf bestanden, dass die Kleidung nur für sie sei

สัตว์ร้ายยืนกรานว่าเสื้อผ้าเหล่านี้มีไว้สำหรับเธอเท่านั้น

**ihr Vater sagte ihr, dass dies der Fall sei**

พ่อของเธอบอกกับเธอว่านี่คือกรณีนั้น

**und sofort kam die Kleidertruhe wieder zurück**

แล้วทันใดนั้นหีบผ้าก็กลับมาอีกครั้ง

**Schönheit kleidete sich mit ihren neuen Kleidern**

นางงามแต่งตัวด้วยเสื้อผ้าใหม่ของเธอ

**und in der Zwischenzeit gingen die Mägde los, um ihre Schwestern zu finden**

และระหว่างนั้นคนรับใช้ก็ออกไปตามหาพี่สาวของเธอ

**Ihre beiden Schwestern waren mit ihren Ehemännern**

น้องสาวของเธอทั้งสองอยู่กับสามีของพวกเขา

**aber ihre beiden Schwestern waren sehr unglücklich**

แต่พี่สาวทั้งสองของเธอกลับไม่มีความสุขเลย

**Ihre älteste Schwester hatte einen sehr gutaussehenden Herrn geheiratet**

พี่สาวคนโตของเธอได้แต่งงานกับสุภาพบุรุษที่หล่อมากคนหนึ่ง

**aber er war so selbstgefällig, dass er seine Frau vernachlässigte**

แต่เขารักตัวเองมากจนละเลยภรรยาของเขา

**Ihre zweite Schwester hatte einen geistreichen Mann geheiratet**

น้องสาวคนที่สองของเธอแต่งงานกับผู้ชายที่เฉลียวฉลาด

**aber er nutzte seinen Witz, um die Leute zu quälen**

แต่เขาใช้ไหวพริบของตนในการทรมานผู้คน

**und am meisten quälte er seine Frau**

และเขายังทรมานภรรยาของเขามากที่สุดอีกด้วย

**Die Schwestern der Schönheit sahen sie wie eine Prinzessin gekleidet**

พี่สาวคนสวยเห็นเธอแต่งตัวเหมือนเจ้าหญิง
**und sie waren krank vor Neid**
และพวกเขาก็รู้สึกอิจฉาจนป่วย
**jetzt war sie schöner als je zuvor**
ตอนนี้เธอสวยกว่าที่เคย
**ihr liebevolles Verhalten konnte ihre Eifersucht nicht unterdrücken**
พฤติกรรมความรักใคร่ของเธอไม่อาจระงับความหึงหวงของพวกเขาได้
**Sie erzählte ihnen, wie glücklich sie mit dem Tier war**
เธอเล่าให้พวกเขาฟังว่าเธอมีความสุขกับสัตว์ร้ายนั้นมากเพียงใด
**und ihre Eifersucht war kurz vor dem Platzen**
และความอิจฉาของพวกเขาก็พร้อมที่จะระเบิดออกมา
**Sie gingen in den Garten, um über ihr Unglück zu weinen**
พวกเขาลงไปในสวนเพื่อร้องไห้ถึงความโชคร้ายของพวกเขา
**„Inwiefern ist dieses kleine Geschöpf besser als wir?"**
"สิ่งมีชีวิตตัวน้อยๆ นี้ดีกว่าเราอย่างไร?"
**„Warum sollte sie so viel glücklicher sein?"**
"ทำไมเธอถึงต้องมีความสุขมากขนาดนี้?"
**„Schwester", sagte die ältere Schwester**
"พี่สาว" พี่สาวพูด
**„Mir ist gerade ein Gedanke gekommen"**
"ความคิดหนึ่งก็แวบเข้ามาในใจฉัน"
**„Versuchen wir, sie länger als eine Woche hier zu behalten"**
"เราจะพยายามให้เธออยู่ที่นี่นานกว่าหนึ่งสัปดาห์"
**„Vielleicht macht das das dumme Monster wütend"**
"บางทีสิ่งนี้อาจทำให้เจ้าสัตว์ประหลาดโง่เขลาโกรธ"
**„weil sie ihr Wort gebrochen hätte"**

"เพราะเธอคงจะผิดคำพูด"

"und dann könnte er sie verschlingen"

"แล้วเขาก็จะกินเธอได้"

"Das ist eine tolle Idee", antwortete die andere Schwester

"นั่นเป็นความคิดที่ดี" น้องสาวอีกคนตอบ

„Wir müssen ihr so viel Freundlichkeit wie möglich entgegenbringen"

"เราต้องแสดงความเมตตาต่อเธอมากที่สุดเท่าที่ทำได้"

Die Schwestern fassten den Entschluss

พี่สาวทั้งสองได้ตัดสินใจเรื่องนี้

und sie verhielten sich sehr liebevoll gegenüber ihrer Schwester

และพวกเขาก็แสดงความรักต่อน้องสาวของตนมาก

Die arme Schönheit weinte vor Freude über all ihre Freundlichkeit

นางงามผู้น่าสงสารร้องไห้ด้วยความยินดีจากความกรุณาของพวกเธอ

Als die Woche um war, weinten sie und rauften sich die Haare

เมื่อสัปดาห์นั้นหมดลง พวกเขาก็ร้องไห้และฉีกผม

es schien ihnen so leid zu tun, sich von ihr zu trennen

พวกเขาดูเสียใจมากที่ต้องแยกทางกับเธอ

und die Schönheit versprach, noch eine Woche länger zu bleiben

และความงามสัญญาว่าจะอยู่ต่ออีกสัปดาห์หนึ่ง

In der Zwischenzeit konnte die Schönheit nicht umhin, über sich selbst nachzudenken

ในขณะเดียวกันความงามก็อดไม่ได้ที่จะทบทวนตัวเอง

sie machte sich Sorgen darüber, was sie dem armen Tier

antat
เธอเป็นกังวลว่าเธอกำลังทำอะไรกับสัตว์ที่น่าสงสาร

Sie wusste, dass sie ihn aufrichtig liebte
เธอรู้ว่าเธอรักเขาอย่างจริงใจ

und sie sehnte sich wirklich danach, ihn wiederzusehen
และเธอปรารถนาที่จะพบเขาอีกครั้งจริงๆ

Auch die zehnte Nacht verbrachte sie bei ihrem Vater
คืนที่สิบที่เธอใช้เวลาอยู่ที่บ้านพ่อของเธอเช่นกัน

sie träumte, sie sei im Schlossgarten
เธอฝันว่าเธออยู่ในสวนพระราชวัง

und sie träumte, sie sähe das Tier ausgestreckt im Gras liegen
และเธอฝันว่าเห็นสัตว์ร้ายนั้นนอนอยู่บนพื้นหญ้า

er schien ihr mit sterbender Stimme Vorwürfe zu machen
เขาเหมือนจะตำหนิเธอด้วยน้ำเสียงที่กำลังจะตาย

und er warf ihr Undankbarkeit vor
และเขากล่าวหาเธอว่าเป็นคนเนรคุณ

Schönheit erwachte aus ihrem Schlaf
นางงามตื่นจากหลับ

und sie brach in Tränen aus
แล้วเธอก็ร้องไห้ออกมา

„Bin ich nicht sehr böse?"
"ฉันไม่ชั่วร้ายมากใช่ไหม?"

„War es nicht grausam von mir, so unfreundlich gegenüber dem Tier zu sein?"
"การที่ข้าพเจ้ากระทำไม่ดีต่อสัตว์ร้ายนั้น
ถือเป็นความโหดร้ายของข้าพเจ้ามิใช่หรือ?"

„Das Biest hat alles getan, um mir zu gefallen"

"สัตว์ร้ายทำทุกอย่างเพื่อทำให้ฉันพอใจ"

"Ist es seine Schuld, dass er so hässlich ist?"

"มันเป็นความผิดของเขาเหรอที่เขาขี้เหร่ขนาดนั้น?"

„Ist es seine Schuld, dass er so wenig Verstand hat?"

"มันเป็นความผิดของเขาหรือเปล่าที่เขามีไหวพริบน้อย?"

„Er ist freundlich und gut, und das genügt"

"เขาเป็นคนใจดีและดี แค่นั้นก็เพียงพอแล้ว"

„Warum habe ich mich geweigert, ihn zu heiraten?"

"ทำไมฉันถึงปฏิเสธที่จะแต่งงานกับเขา?"

„Ich sollte mit dem Monster glücklich sein"

"ฉันควรจะดีใจกับเจ้าสัตว์ประหลาดนั้น"

„Schau dir die Männer meiner Schwestern an"

"ดูสามีของน้องสาวฉันสิ"

„Weder Witz noch Schönheit machen sie gut"

"ไม่ว่าความเฉลียวฉลาดหรือความหล่อเหลาก็ไม่ทำให้พวกเขาเป็นคนดี"

„Keiner ihrer Ehemänner macht sie glücklich"

"สามีของพวกเธอก็ไม่ทำให้พวกเธอมีความสุข"

„sondern Tugend, Sanftmut und Geduld"

"แต่ความดี ความอ่อนหวานของอารมณ์ และความอดทน"

„Diese Dinge machen eine Frau glücklich"

"สิ่งเหล่านี้ทำให้ผู้หญิงมีความสุข"

„und das Tier hat all diese wertvollen Eigenschaften"

"และสัตว์ร้ายนั้นมีคุณสมบัติอันมีค่าเหล่านี้ทั้งหมด"

„es ist wahr, ich empfinde keine Zärtlichkeit und Zuneigung für ihn"

"เป็นความจริง ฉันไม่ได้รู้สึกอ่อนโยนต่อเขาเลย"

„aber ich empfinde für ihn die allergrößte Dankbarkeit"

"แต่ฉันพบว่าฉันรู้สึกขอบคุณเขามากที่สุด"

„und ich habe die höchste Wertschätzung für ihn"

"และฉันก็มีความนับถือเขาอย่างสูง"

"und er ist mein bester Freund"

"และเขาคือเพื่อนที่ดีที่สุดของฉัน"

„Ich werde ihn nicht unglücklich machen"

"ฉันจะไม่ทำให้เขาต้องทุกข์ใจ"

„Wenn ich so undankbar wäre, würde ich mir das nie verzeihen"

"ถ้าฉันเป็นคนเนรคุณขนาดนั้น ฉันคงไม่มีวันให้อภัยตัวเอง"

Schönheit legte ihren Ring auf den Tisch

ความงามวางแหวนของเธอไว้บนโต๊ะ

und sie ging wieder zu Bett

แล้วเธอก็เข้านอนอีกครั้ง

kaum war sie im Bett, da schlief sie ein

เธอแทบจะเข้านอนก่อนจะหลับไป

Sie wachte am nächsten Morgen wieder auf

เธอตื่นขึ้นมาอีกครั้งในเช้าวันรุ่งขึ้น

und sie war überglücklich, sich im Palast des Tieres wiederzufinden

และนางก็ดีใจมากเมื่อพบว่าตนเองอยู่ในวังของสัตว์ร้ายนั้น

Sie zog eines ihrer schönsten Kleider an, um ihm zu gefallen

เธอสวมชุดที่สวยที่สุดของเธอเพื่อเอาใจเขา

und sie wartete geduldig auf den Abend

และเธอก็อดทนรอจนถึงตอนเย็น

kam die ersehnte Stunde

ในที่สุด ชั่วโมง แห่งความปรารถนา ก็มาถึง

die Uhr schlug neun, doch kein Tier erschien

นาฬิกาตีเก้าโมงแล้วแต่สัตว์ร้ายก็ไม่ปรากฏตัว

Schönheit befürchtete dann, sie sei die Ursache seines Todes gewesen

นางงามจึงเกรงว่าตนเป็นสาเหตุที่ทำให้เขาตาย

Sie rannte weinend durch den ganzen Palast

เธอวิ่งร้องไห้ไปทั่วพระราชวัง

nachdem sie ihn überall gesucht hatte, erinnerte sie sich an ihren Traum

เมื่อได้ตามหาเขาไปทั่วแล้ว นางก็ระลึกถึงความฝันของตนได้

und sie rannte zum Kanal im Garten

แล้วเธอก็วิ่งไปที่คลองในสวน

Dort fand sie das arme Tier ausgestreckt

ที่นั่นเธอพบสัตว์ที่น่าสงสารตัวนั้นนอนเหยียดอยู่

und sie war sicher, dass sie ihn getötet hatte

และเธอแน่ใจว่าเธอได้ฆ่าเขา

sie warf sich ohne Furcht auf ihn

เธอโยนตัวไปหาเขาโดยไม่รู้สึกหวาดกลัวใดๆ

sein Herz schlug noch

หัวใจของเขายังเต้นอยู่

sie holte etwas Wasser aus dem Kanal

เธอตักน้ำจากคลองมา

und sie goss das Wasser über seinen Kopf

แล้วเธอก็เทน้ำลงบนศีรษะของเขา

Das Tier öffnete seine Augen und sprach mit der Schönheit

สัตว์ร้ายลืมตาและพูดคุยกับความงาม

„Du hast dein Versprechen vergessen"

"คุณลืมคำสัญญาของคุณ"

„Es hat mir das Herz gebrochen, dich verloren zu haben"

"ฉันเสียใจมากที่ต้องสูญเสียคุณไป"
„Ich beschloss, zu hungern"
"ฉันตั้งใจจะอดอาหารตัวเอง"
„aber ich habe das Glück, Sie wiederzusehen"
"แต่ฉันมีความสุขที่ได้พบคุณอีกครั้ง"
„so habe ich das Vergnügen, zufrieden zu sterben"
"ฉันจึงมีความสุขที่ได้ตายอย่างพึงพอใจ"
„Nein, liebes Tier", sagte die Schönheit, „du darfst nicht sterben"
"ไม่นะ เจ้าสัตว์ร้ายที่รัก" นางงามกล่าว "เจ้าจะต้องไม่ตาย"
„Lebe, um mein Ehemann zu sein"
"มีชีวิตอยู่เพื่อเป็นสามีของฉัน"
„Von diesem Augenblick an reiche ich dir meine Hand"
"จากนี้ไปฉันจะยื่นมือให้คุณ"
„und ich schwöre, niemand anderes als Dein zu sein"
"และฉันสาบานว่าจะไม่มีใครอื่นนอกจากคุณ"
„Ach! Ich dachte, ich hätte nur Freundschaft für dich."
"โอ้ย! ฉันคิดว่าฉันมีแค่มิตรภาพกับคุณเท่านั้น"
"aber der Kummer, den ich jetzt fühle, überzeugt mich;"
"แต่ความเศร้าโศกที่ฉันรู้สึกอยู่ขณะนี้ก็ทำให้ฉันมั่นใจขึ้นแล้ว"
„Ich kann nicht ohne dich leben"
"ฉันไม่สามารถอยู่ได้หากไม่มีคุณ"
Schönheit hatte diese Worte kaum gesagt, als sie ein Licht sah
ความงามอันแสนงดงามแทบจะไม่ได้กล่าวคำเหล่านี้เมื่อเธอเห็นแสงสว่าง
der Palast funkelte im Licht
พระราชวังส่องประกายด้วยแสง

**Feuerwerk erleuchtete den Himmel**
ดอกไม้ไฟที่จุดขึ้นบนท้องฟ้า
**und die Luft erfüllt mit Musik**
และอากาศก็เต็มไปด้วยเสียงดนตรี
**alles kündigte ein großes Ereignis an**
ทุกสิ่งทุกอย่างแจ้งให้ทราบถึงเหตุการณ์สำคัญบางอย่าง
**aber nichts konnte ihre Aufmerksamkeit fesseln**
แต่ไม่มีอะไรสามารถดึงความสนใจของเธอได้
**sie wandte sich ihrem lieben Tier zu**
เธอหันไปหาสัตว์ที่รักของเธอ
**das Tier, vor dem sie vor Angst zitterte**
สัตว์ร้ายซึ่งเธอสั่นสะท้านด้วยความกลัว
**aber ihre Überraschung über das, was sie sah, war groß!**
แต่ความประหลาดใจของเธอยิ่งใหญ่มากกับสิ่งที่เธอเห็น!
**das Tier war verschwunden**
สัตว์ร้ายนั้นได้หายไปแล้ว
**stattdessen sah sie den schönsten Prinzen**
แต่เธอกลับเห็นเจ้าชายผู้น่ารักที่สุด
**sie hatte den Zauber beendet**
เธอได้ยุติคำสาปแล้ว
**ein Zauber, unter dem er einem Tier ähnelte**
คาถาที่ทำให้เขาเหมือนสัตว์ร้าย
**dieser Prinz war all ihre Aufmerksamkeit wert**
เจ้าชายผู้นี้สมควรได้รับความสนใจจากเธออย่างยิ่ง
**aber sie konnte nicht anders und musste fragen, wo das Biest war**
แต่เธออดไม่ได้ที่จะถามว่าสัตว์ร้ายนั้นอยู่ที่ไหน
**„Du siehst ihn zu deinen Füßen", sagte der Prinz**

"เจ้าเห็นเขาอยู่ที่เท้าของเจ้า" เจ้าชายกล่าว

„Eine böse Fee hatte mich verdammt"

"นางฟ้าชั่วร้ายได้ลงโทษฉัน"

„Ich sollte diese Gestalt behalten, bis eine wunderschöne Prinzessin einwilligte, mich zu heiraten."

"ฉันจะคงอยู่ในสภาพนั้นต่อไปจนกว่าเจ้าหญิงที่สวยงามจะยอมแต่งงานกับฉัน"

„Die Fee hat mein Verständnis verborgen"

"นางฟ้าซ่อนความเข้าใจของฉันไว้"

„Du warst der Einzige, der großzügig genug war, um von meiner guten Laune bezaubert zu sein."

"คุณเป็นคนเดียวเท่านั้นที่ใจกว้างพอที่จะหลงใหลในความใจดีของอารมณ์ของฉัน"

Schönheit war angenehm überrascht

ความงามก็ประหลาดใจอย่างมีความสุข

und sie gab dem bezaubernden Prinzen ihre Hand

และเธอก็ยื่นมือให้เจ้าชายผู้มีเสน่ห์

Sie gingen zusammen ins Schloss

พวกเขาเข้าไปในปราสาทด้วยกัน

und die Schöne war überglücklich, ihren Vater im Schloss zu finden

และนางงามก็ดีใจมากที่ได้พบพ่อของเธอในปราสาท

und ihre ganze Familie war auch da

และครอบครัวของเธอก็อยู่ที่นั่นด้วย

sogar die schöne Dame, die in ihrem Traum erschienen war, war da

แม้แต่หญิงสาวสวยที่ปรากฏในความฝันของเธอก็อยู่ที่นั่นด้วย

"Schönheit", sagte die Dame aus dem Traum

"สวยจัง" หญิงสาวในฝันเอ่ย

„Komm und empfange deine Belohnung"

"มารับรางวัลของคุณสิ"

„Sie haben die Tugend dem Witz oder dem Aussehen vorgezogen"

"คุณชอบคุณธรรมมากกว่าไหวพริบหรือรูปลักษณ์"

„und Sie verdienen jemanden, in dem diese Eigenschaften vereint sind"

"และคุณสมควรได้รับใครสักคนที่มีคุณสมบัติเหล่านี้รวมกัน"

„Du wirst eine großartige Königin sein"

"คุณจะเป็นราชินีที่ยิ่งใหญ่"

„Ich hoffe, der Thron wird deine Tugend nicht schmälern"

"หวังว่าราชบัลลังก์จะไม่ทำให้ความดีของคุณลดน้อยลง"

Dann wandte sich die Fee an die beiden Schwestern
แล้วนางฟ้าก็หันไปหาสองสาว

„Ich habe in eure Herzen geblickt"

"ฉันได้เห็นภายในใจของคุณแล้ว"

„und ich kenne die ganze Bosheit, die in euren Herzen steckt"

"และข้าพเจ้าทราบถึงความชั่วร้ายที่อยู่ในใจของท่าน"

„Ihr beide werdet zu Statuen"

"พวกคุณทั้งสองจะกลายเป็นรูปปั้น"

„Aber ihr werdet euren Verstand bewahren"

"แต่คุณจะต้องรักษาจิตใจของคุณไว้"

„Du sollst vor den Toren des Palastes deiner Schwester stehen"

"เจ้าจงยืนที่ประตูวังของน้องสาวเจ้า"

„Das Glück deiner Schwester soll deine Strafe sein"

"ความสุขของน้องสาวคุณคือการลงโทษคุณ"

„Sie werden nicht in Ihren früheren Zustand zurückkehren können"

"คุณจะไม่สามารถกลับไปสู่สถานะเดิมของคุณได้อีกแล้ว"

„es sei denn, Sie beide geben Ihre Fehler zu"

"เว้นแต่คุณทั้งสองจะยอมรับความผิดของตนเอง"

„Aber ich sehe voraus, dass ihr immer Statuen bleiben werdet"

"แต่ฉันคาดการณ์ว่าคุณจะยังคงเป็นรูปปั้นตลอดไป"

„Stolz, Zorn, Völlerei und Faulheit werden manchmal besiegt"

"ความเย่อหยิ่ง ความโกรธ ความตะกละ และความขี้เกียจบางครั้งก็ถูกเอาชนะได้"

„aber die Bekehrung neidischer und böswilliger Gemüter sind Wunder"

" แต่ การเปลี่ยนแปลงจิตใจที่อิจฉาและคิดร้ายเป็นปาฏิหาริย์"

sofort strich die Fee mit ihrem Zauberstab

ทันใดนั้นนางฟ้าก็ตีไม้กายสิทธิ์ของเธอ

und im nächsten Augenblick waren alle im Saal entrückt

และทันใดนั้นทุกคนที่อยู่ในห้องโถงก็ถูกเคลื่อนย้ายออกไป

Sie waren in die Herrschaftsgebiete des Fürsten eingedrungen

พวกเขาได้เข้าไปในอาณาจักรของเจ้าชาย

die Untertanen des Prinzen empfingen ihn mit Freude

ราษฎรของเจ้าชายก็ต้อนรับเขาด้วยความยินดี

der Priester heiratete die Schöne und das Biest

บาทหลวงแต่งงานกับเจ้าหญิงนิทราและอสูร

und er lebte viele Jahre mit ihr

และเขาใช้ชีวิตอยู่ร่วมกับเธอหลายปี

und ihr Glück war vollkommen

และความสุขของพวกเขาก็สมบูรณ์
**weil ihr Glück auf Tugend beruhte**
เพราะความสุขของเขามีรากฐานมาจากคุณธรรม

**Das Ende**

จุดจบ

**www.tranzlaty.com**

www.ingramcontent.com/pod-product-compliance
Lightning Source LLC
Chambersburg PA
CBHW011550070526
44585CB00023B/2539